Anjos Protetores

Elam de Almeida Pimentel

Anjos Protetores

Invocados nos momentos difíceis de nossos filhos

Novena e ladainha

Petrópolis

© 2011, Editora Vozes Ltda.
Rua Frei Luís, 100
25689-900 Petrópolis, RJ
www.vozes.com.br
Brasil

2ª edição, 2014.

1ª reimpressão, 2018.

Todos os direitos reservados. Nenhuma parte desta obra poderá ser reproduzida ou transmitida por qualquer forma e/ou quaisquer meios (eletrônico ou mecânico, incluindo fotocópia e gravação) ou arquivada em qualquer sistema ou banco de dados sem permissão escrita da editora.

CONSELHO EDITORIAL

Diretor
Gilberto Gonçalves Garcia

Editores
Aline dos Santos Carneiro
Edrian Josué Pasini
Marilac Loraine Oleniki
Welder Lancieri Marchini

Conselheiros
Francisco Morás
Ludovico Garmus
Teobaldo Heidemann
Volney J. Berkenbrock

Secretário executivo
João Batista Kreuch

Editoração: Fernando Sergio Olivetti da Rocha
Diagramação: AG.SR Desenv. Gráfico
Capa: Omar Santos

ISBN 978-85-326-4053-6

Editado conforme o novo acordo ortográfico.

Este livro foi composto e impresso pela Editora Vozes Ltda.

Sumário

1 Apresentação, 7
2 Tradição sobre a devoção aos Anjos Protetores, 9
3 Novena dos Anjos Protetores, 11
   1º dia, 11
   2º dia, 12
   3º dia, 14
   4º dia, 15
   5º dia, 16
   6º dia, 18
   7º dia, 19
   8º dia, 21
   9º dia, 24
4 Orações aos Anjos Protetores, 26
5 Ladainha dos Anjos Protetores, 27
6 Terço para o Anjo Protetor, 30

Apresentação

Anjo da Guarda ou Anjo Protetor é o ser iluminado que se dedica 24 horas por dia a cuidar de nós com muito carinho. Com muita fé, perceberemos o quanto nossa vida pode melhorar com a presença divina mais próxima de nós por meio do nosso Anjo Protetor.

Os anjos são seres divinos, com a missão de proteger e auxiliar, conseguindo defender as pessoas dos perigos. Eles captam a nossa energia e, por isso, é importante reagir positivamente, afugentando os maus pensamentos e fortalecendo a nossa fé.

Eles estão ao nosso lado a todo o momento, desde o nascimento até o momento da morte. Sempre prontos a nos auxiliar e a guiar-nos para o bom caminho, são eles os melhores e mais dedicados amigos. Designados por Deus para cuidar de cada um de nós, possuem como tarefa constante o dever de nos orientar – sem interferir –, direcionar e dirigir. Falam sem que ninguém ouça e, mesmo assim, fazem-se entender. Por isso são iluminados, suaves e quase imperceptíveis, mas possuem um canal de comunicação pelo qual podemos conversar, pedir e, principalmente, agradecer. Esse canal chama-se "oração".

Os Anjos Protetores estão conosco a cada minuto da vida. Com eles, encontramos forças para vencer nossos medos, enfrentar os riscos de trânsito, as dificuldades do trabalho ou mesmo os problemas familiares. E, quanto maior a nossa fé, mais perto nos sentiremos de nossos protetores e, consequentemente, teremos mais coragem para vencer os obstáculos. Para ficarmos mais próximos do Anjo Protetor devemos nos sintonizar com ele através de orações todos os dias, mantendo sempre sentimentos de esperança e de fé.

Este livrinho contém a novena, as orações e a ladainha dos Anjos Protetores, conhecidos como anjos da guarda, bem como um terço para o Anjo Protetor. Apresenta também algumas passagens bíblicas seguidas de uma oração para o pedido da graça.

2

TRADIÇÃO SOBRE A DEVOÇÃO AOS ANJOS PROTETORES

Na Bíblia, a palavra anjo significa mensageiro, enviado. São seres enviados por Deus para guiar o povo, dirigir as pessoas, anunciar a vontade de Deus...

Segundo a tradição, cada ser humano é confiado à guarda de um anjo, cuja missão é ser guia, companheiro e protetor. Ele nos auxilia em nossos momentos de fraqueza, desilusão, frustração, tristeza. Também nos encoraja nos momentos de dor. A Bíblia se refere aos anjos como seres intelectuais, superiores aos homens e inferiores a Deus.

Em 3 de outubro de 1958, o Papa Pio XII disse: "Ontem, festejamos o dia dos Santos Anjos. Disse Jesus Cristo das crianças que sempre eram tão caras ao seu coração amoroso: 'Seus anjos contemplam sem cessar a face de meu Pai que está no céu'. E, depois que crescerem, seus anjos teriam que abandoná-las? É claro que não! Ninguém é considerado tão pequeno e insignificante que não tivesse anjos para o proteger. Eles estão sempre vigilantes e vos guardam para que não vos afasteis de Cristo, nosso Senhor..."

Os anjos são mencionados no Antigo e no Novo Testamento. No Antigo Testamento, aparecem como intervenções ou manifestações de Deus na história do povo de Israel: Gn 31,11; Ex 3,2; 23,20; 1Rs 19,5s.; Sl 91,11; 103,20; Js 5,13ss.

No Novo Testamento, os anjos aparecem no evangelho da infância de Jesus, nas tentações do deserto e na consolação a Cristo no Getsêmani. São testemunhas da Ressurreição, da Igreja nascente, ajudam os apóstolos, transmitindo a vontade divina.

NOVENA DOS ANJOS PROTETORES

1º dia

Iniciemos com fé este primeiro dia de nossa novena invocando a presença da Santíssima Trindade: em nome do Pai, do Filho e do Espírito Santo. Amém.

Leitura bíblica: Sl 34,7-9

> Um infeliz clamou, e o Senhor o ouviu / e o salvou de todas as suas angústias. / O Anjo do Senhor acampa / ao redor dos que o temem e os liberta. / Provai e vede como o Senhor é bom! / Feliz o homem que nele se refugia.

Reflexão

Viver é bom e pode ser cada dia melhor. Em qualquer circunstância, não nos desesperemos, pois, amanhã, será outro dia e teremos nova força. Vamos acreditar no poder de Jesus e no seu amor por nós. Vamos acreditar nos Anjos Protetores por Deus enviados para nos proteger.

Oração
Ó Santo Anjo, protetor de... (falar o nome da pessoa por quem se está rezando), dou-vos graças por vosso zelo. Por vossa intercessão junto ao Pai Celeste, peço-vos que me alcanceis a graça de que tanto necessito... (fazer o pedido).

Pai-nosso.

Ave-Maria.

Santo Anjo do Senhor, protegei... (falar o nome da pessoa). Livrai-o(a) dos perigos, sua alma consolai. Amém.

2º dia

Iniciemos com fé este segundo dia de nossa novena, invocando a presença da Santíssima Trindade: em nome do Pai, do Filho e do Espírito Santo. Amém.

Leitura bíblica: Sl 91,9-12

É o Senhor meu refúgio, / tu fizeste do Altíssimo tua morada. / Não te acontecerá mal algum, / nem a praga chegará à tua tenda. / Pois aos seus anjos dará ordens a teu respeito, / para que te guardem em todos os teus caminhos. / Eles te levarão nas mãos, / para que teu pé não tropece numa pedra.

Reflexão

Na Bíblia, a palavra "caminho" pode ter significados diferentes: estrada, vida, medo de agir, comportamento. "Para que te guardem em todos os teus caminhos", é no sentido de proteção, orientação, segurança. Se o "Anjo do Senhor" guarda os nossos caminhos e nós seguirmos os "caminhos do Senhor", não devemos temer mal nenhum.

Oração

Anjo da Guarda, protetor de... (falar o nome da pessoa por quem se está rezando). Livrai-o(a) dos males físicos e morais e alcançai-nos a graça de que tanto necessitamos... (falar a graça que se deseja alcançar).

Pai-nosso.

Ave-Maria.

Santo Anjo do Senhor, protegei... (falar o nome da pessoa). Livrai-o(a) dos perigos, sua alma consolai. Amém.

3º dia

Iniciemos com fé este terceiro dia de nossa novena, invocando a presença da Santíssima Trindade: em nome do Pai, do Filho e do Espírito Santo. Amém.

Leitura do Evangelho: Mt 18,10

> Cuidado para não desprezar um desses pequeninos, porque eu vos digo que seus anjos estão continuamente no céu, na presença do meu Pai Celeste.

Reflexão

A passagem do Evangelho de Mateus deixa clara a função permanente dos anjos em relação a nós: a de Anjo da Guarda. Deus deu a todos nós um guia divino para nos acompanhar durante toda a nossa vida.

Oração

Anjo da Guarda, protetor de... (falar o nome da pessoa por quem se está rezando). Vinde em seu socorro neste difícil momento... (falar o problema enfrentado) e obtende-nos a graça que vos pedimos... (falar a graça a ser alcançada).

Pai-nosso.

Ave-Maria.

Santo Anjo do Senhor, protegei... (falar o nome da pessoa). Livrai-o(a) dos perigos, sua alma consolai. Amém.

4º dia

Iniciemos com fé este quarto dia de nossa novena, invocando a presença da Santíssima Trindade: em nome do Pai, do Filho e do Espírito Santo. Amém.

Leitura bíblica: Ex 23,20

> Mandarei um anjo à tua frente, para que te guarde pelo caminho e te introduza no lugar que eu preparei.

Reflexão

Fé e oração são importantes para se manter um contato com os anjos. Vamos, sempre que possível, fazer uma oração espontânea ao nosso Anjo Protetor, pedindo-lhe luz para nossa caminhada.

Oração

Glorioso Anjo, protetor de... (falar o nome da pessoa). Peço-vos que o(a) ilumineis neste momento tão difícil. Intercedei junto ao Pai Todo-poderoso para o alcance da graça que suplicamos... (fazer o pedido).

Pai-nosso.

Ave-Maria.

Santo Anjo do Senhor, protegei... (falar o nome da pessoa). Livrai-o(a) dos perigos, sua alma consolai. Amém.

5º dia

Iniciemos com fé este quinto dia de nossa novena, invocando a presença da Santíssima Trindade: em nome do Pai, do Filho e do Espírito Santo. Amém.

Leitura do Evangelho: Mc 10,46-52

Chegaram a Jericó. Quando Jesus saía de Jericó com os discípulos e numerosa multidão, um cego estava sentado à beira do caminho pedindo esmolas. Era Bartimeu, o filho de Timeu. Ao saber que era Jesus de Nazaré, começou a gritar: "Jesus, filho de Davi, tem piedade de mim!" Muitos o repreendiam para que se calasse, mas ele gritava ainda mais alto: "Jesus, filho de Davi, tem piedade de mim!" Jesus parou e disse: "Chamai-o!"

Eles chamaram o cego, dizendo-lhe: "Coragem! Levanta-te que Ele te chama". Jogando para o lado o manto, levantou-se de um pulo e foi até Jesus. Tomando a palavra, Jesus lhe perguntou: "O que queres que te faça?" O cego respondeu: "Mestre, eu quero ver de novo!" E Jesus lhe disse: "Vai, tua fé te curou!" No mesmo instante ele começou a ver de novo e se pôs a segui-lo pelo caminho.

Reflexão

Jesus cura o cego e diz que a fé dele é que "o curou". Semelhante ao que fez o cego de Jericó, confiemos plenamente a Jesus nossa vida, nossas aflições, entregando-nos a Ele e rezando com muita fé e esperança, acreditando que, para Ele, nada é impossível.

Oração

Anjo do Senhor, protetor de... (dizer o nome da pessoa por quem se está rezando). Vós sois a esperança nossa. Por vossa graça e intercessão junto a Deus, alcançai-nos a graça... (fazer o pedido).

Pai-nosso.

Ave-Maria.

Santo Anjo do Senhor, protegei... (falar o nome da pessoa). Livrai-o(a) dos perigos, sua alma consolai. Amém.

6º dia

Iniciemos com fé este sexto dia de nossa novena, invocando a presença da Santíssima Trindade: em nome do Pai, do Filho e do Espírito Santo. Amém.

Leitura bíblica: Sl 91,10-14

> Não te acontecerá mal algum, / nem a praga chegará à tua tenda. / Pois aos seus anjos dará ordens a teu respeito, / para que te guardem em todos os teus caminhos. / Eles te levarão nas mãos, / para que teu pé não tropece numa pedra. / Pisarás sobre o leão e a víbora, / calcarás aos pés a fera e o dragão. / Porque ele se apegou a mim, eu o libertarei.

Reflexão

Os anjos nos conduzem pelos caminhos da vida, guiando nossos passos, defendendo-nos e guardando-nos dos perigos. Eles são presentes de Deus em nossa vida, são enviados por Ele e o importante é não esquecermos que são seres que vivem junto de Deus, não nos esquecendo, portanto, de nossa origem espiritual, nossa fé em Deus.

Oração

Senhor, obrigado(a) pela presença dos Anjos Protetores em nossas vidas. Assim, confiantes em Vós e no Anjo da Guarda de... (falar o nome da pessoa por quem se está rezando), peço-vos a graça de... (fazer o pedido).

Pai-nosso.

Ave-Maria.

Santo Anjo do Senhor, protegei... (falar o nome da pessoa). Livrai-o(a) dos perigos, sua alma consolai. Amém.

7º dia

Iniciemos com fé este sétimo dia de nossa novena, invocando a presença da Santíssima Trindade: em nome do Pai, do Filho e do Espírito Santo. Amém.

Leitura do Evangelho: Mt 1,18-21

> A origem de Jesus Cristo, porém, foi assim: Maria, sua mãe, estava prome-

tida em casamento a José. Mas, antes de morarem juntos, ficou grávida do Espírito Santo. José, seu marido, sendo homem justo e não querendo denunciá-la, resolveu abandoná-la em segredo. Mas enquanto assim pensava, eis que um anjo do Senhor lhe apareceu em sonho e disse: "José, filho de Davi, não tenhas medo de receber Maria, tua esposa, pois o que nela foi gerado vem do Espírito Santo. Ela dará à luz um filho, e tu lhe porás o nome de Jesus. É Ele que salvará o povo de seus pecados".

Reflexão
José, ao acordar, fez como o anjo lhe tinha mandado e aceitou Maria e, quando a criança nasceu, pôs-lhe o nome de Jesus. Anjo do Senhor e sonho são, na concepção dos hebreus, veículos da revelação de Deus. As preocupações, angústias e dúvidas de José foram iluminadas por Deus e ele procurou entender que acontecia um mistério na vida de Maria. Ele aceitou o sonho, a mensagem do anjo, como um aviso de Deus. Vamos ouvir e acolher o Anjo do Senhor sempre em nossa vida.

Oração
Senhor Jesus, diariamente, nossa vida é marcada por intervenções vossas. Agradecemo-vos a presença dos Anjos Protetores em nossas vidas. Santo Anjo do Senhor, protegei... (falar o nome da pessoa por quem se está rezando) e livrai-o(a) de... (falar o problema enfrentado e pedir a graça necessária).

Pai-nosso.

Ave-Maria.

Santo Anjo do Senhor, protegei... (falar o nome da pessoa). Livrai-o(a) dos perigos, sua alma consolai. Amém.

8º dia

Iniciemos com fé este oitavo dia de nossa novena, invocando a presença da Santíssima Trindade: em nome do Pai, do Filho e do Espírito Santo. Amém.

Leitura do Evangelho: Lc 1,26-38

> No sexto mês, o Anjo Gabriel foi enviado da parte de Deus para uma cidade da Galileia, chamada Nazaré, a uma virgem, prometida em casamento a um homem, chamado José, da

casa de Davi. O nome da virgem era Maria. Entrando onde ela estava, o anjo lhe disse: "Alegra-te, cheia de graça, o Senhor está contigo! Ao ouvir as palavras, ela se perturbou e refletia no que poderia significar a saudação. Mas o anjo lhe falou: "Não tenhas medo, Maria, porque encontraste graça diante de Deus. Eis que conceberás e darás à luz um filho e lhe porás o nome de Jesus! Ele será grande e será chamado Filho do Altíssimo. O Senhor Deus lhe dará o trono de Davi, seu pai. Ele reinará na casa de Jacó pelos séculos e seu reino não terá fim". Maria perguntou ao anjo: "Como acontecerá isso, pois não conheço homem? Em resposta o anjo lhe disse: "O Espírito Santo virá sobre ti e o poder do Altíssimo te cobrirá com sua sombra; é por isso que o menino santo que vai nascer será chamado Filho de Deus. Até Isabel, tua parenta, concebeu um filho em sua velhice, e este é o sexto mês daquela que era considerada estéril, porque para Deus nada é impossível". Disse então Maria: "Eis aqui a serva do Senhor. Aconteça comigo segundo tua palavra! E dela se afastou o anjo.

Reflexão

Maria crê na mensagem do anjo, acreditando que tudo é possível para Deus e, ao dizer "sim" ao anjo, está dizendo sim a Deus, mudando a história da humanidade. Vamos mudar nossa história de vida acreditando em nosso Anjo Protetor, enviado por Deus para nos ajudar.

Oração

Anjo Protetor de... (falar o nome da pessoa por quem se está rezando), com todo o vosso poder concedido por Deus, peço-vos que auxilieis no alcance da graça a vós suplicada... (falar a graça que se deseja alcançar).

Pai-nosso.

Ave-Maria.

Santo Anjo do Senhor, protegei... (falar o nome da pessoa). Livrai-o(a) dos perigos, sua alma consolai. Amém.

9º dia

Iniciemos com fé este nono dia de nossa novena, invocando a presença da Santíssima Trindade: em nome do Pai, do Filho e do Espírito Santo. Amém.

Leitura bíblica: Jz 6,12-16

Apareceu-lhe o Anjo do Senhor e lhe disse: "O Senhor está contigo, valente guerreiro!" Gedeão respondeu: "Perdão, meu Senhor! Se o Senhor está conosco, por que nos acontece tudo isto? Onde estão todos aqueles prodígios que os pais nos contavam, dizendo: "O Senhor nos tirou do Egito?" Mas agora o Senhor nos abandonou e nos entregou em poder dos madianitas".

O Senhor voltou e lhe disse: "Vai com esta força que tens e salva Israel da mão dos madianitas. Sou eu que te envio!" "Perdão, meu Senhor!" disse Gedeão. "Como posso salvar Israel? Minha família é a menor de Manassés, e eu sou o mais novo na casa de meu pai." Mas o Senhor lhe disse: "Eu estarei contigo! Por isso baterás os inimigos como se fossem um só homem".

Reflexão

Gedeão era um líder político e guerreiro que estava com receio de enfrentar os inimigos do Povo de Deus. Mas o Anjo do Senhor lhe dá força e estímulo, mostrando-lhe que, apesar das dificuldades por ele e sua família enfrentadas, Deus estava com ele e o ajudava e ele venceria. Não podemos perder a esperança de sempre poder recorrer a Deus e contar com Ele.

Oração

Anjo da Guarda de... (falar o nome da pessoa por quem se está rezando), venho pedir-vos para que estejais ao seu lado neste difícil momento... (falar o problema enfrentado) e alcanceis de Deus a graça tão necessitada (fazer o pedido).

Pai-nosso.

Ave-Maria.

Santo Anjo do Senhor, protegei... (falar o nome da pessoa). Livrai-o(a) dos perigos, sua alma consolai. Amém.

4

ORAÇÕES AOS ANJOS PROTETORES

Oração 1

"Santo anjo do Senhor, meu zeloso guardador, se a ti me confiou a piedade divina, sempre me rege, guarda, governa, ilumina. Amém."

Oração 2 (Para pedir proteção para alguém.)

"Santos Anjos, guardiões espirituais, estejam sempre ao lado de... (diga o nome da pessoa), protegendo-o(a) dos males, das más influências e livrando-o(a) dos maus pensamentos e más intenções. Sejam seus melhores amigos e defensores. Em nome da força divina. Amém!"

Oração 3

"Anjo de minha guarda, doce companhia, não me desampareis, nem de noite, nem de dia. Não me deixeis só, que me perderia."

Ladainha dos Anjos Protetores

Senhor, tende piedade de nós.
Cristo, tende piedade de nós.
Senhor, tende piedade de nós.

Jesus Cristo, ouvi-nos.
Jesus Cristo, atendei-nos.

Deus Pai, Criador dos anjos, tende piedade de nós.
Deus Filho, Senhor dos anjos, tende piedade de nós.
Deus Espírito Santo, vida dos anjos, tende piedade de nós.
Santíssima Trindade, alegria de todos os anjos, tende piedade de nós.

Santa Maria, rogai por nós.
Todos os coros dos Espíritos Celestes, rogai por nós.
Santos Anjos da Guarda, rogai por nós.

Anjo da Guarda, amparo em todos os perigos, rogai por nós.
Anjo da Guarda, intercessor nosso, rogai por nós.
Anjo da Guarda, defensor contra o inimigo, rogai por nós.
Anjo da Guarda, nosso guia seguro, rogai por nós.
Anjo da Guarda, nosso mais fiel amigo, rogai por nós.
Anjo da Guarda, prudente conselheiro, rogai por nós.
Anjo da Guarda, modelo de obediência a Deus, rogai por nós.
Anjo da Guarda, consolação no abandono, rogai por nós.
Anjo da Guarda, exemplo de humildade, rogai por nós.
Anjo da Guarda, protetor nosso, rogai por nós.
Anjo da Guarda, protetor de nossos filhos, rogai por nós.
Anjo da Guarda, mensageiro de Deus, rogai por nós.
Anjo da Guarda, esperança nossa, rogai por nós.
Anjo da Guarda, auxiliador em todas as necessidades, rogai por nós.
Anjo da Guarda, luz nossa, rogai por nós.

Cordeiro de Deus, que tirais os pecados do mundo, perdoai-nos, Senhor.
Cordeiro de Deus, que tirais os pecados do mundo, atendei-nos, Senhor.
Cordeiro de Deus, que tirais os pecados do mundo, tende piedade de nós, Senhor.

Jesus Cristo, ouvi-nos.
Jesus Cristo, atendei-nos.

Rogai por nós, Anjos Protetores,
Para que sejamos dignos das promessas de Cristo.

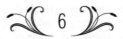

Terço para o Anjo Protetor

(A ser recitado perante uma situação problemática)

Faça o sinal da cruz, reze um Credo, um Pai-nosso, três Ave-Marias e um Glória-ao-Pai.

Reze, em seguida, a "Invocação ao Anjo da Guarda".

"Santo anjo, protetor abençoado, invoco-te para celebrar a minha fé. Sê meu companheiro, meu guia, meu interventor e meu defensor em todas as horas, sem deixar que eu abandone meus princípios cristãos nem tampouco as virtudes por Jesus ensinadas. Sopra em meus ouvidos palavras de perseverança, estímulo e conforto, especialmente nos momentos em que eu padecer de algum mal do corpo. Inspira-me e concede-me o lenitivo mais apropriado para esta causa... (dizer o propósito do terço). Anjo guardião, abençoa-me com tua energia poderosa e intercede por... (dizer o nome da pessoa por quem se está rezando). Confio na tua providencial ajuda! Amém."

Nas contas pequenas, em vez da Ave-Maria, reze a prece indicada a seguir para cada dezena (dez vezes seguidas).

1ª dezena: "Anjo guardião, defende-me ou defende... (falar o nome da pessoa por quem se está orando) de todos os males".

2ª dezena: "Protetor poderoso, impede-me ou impede... (falar o nome da pessoa) de cair em tentação".

3ª dezena: "Meu Anjo da Guarda, torna-te meu confidente e protetor (ou falar o nome da pessoa por quem se está rezando)".

4ª dezena: "Espírito celestial, inspira-me pensamentos virtuosos e conduze-me (ou fala-se o nome da pessoa) ao caminho do bem".

5ª dezena: "Santo defensor, auxilia-me ou auxilia... (nome da pessoa) a me (ou a si) tornar merecedor(a) do amor divino, vivendo em graça e glória".

Para cada conta grande, reze um Santo Anjo: "Santo Anjo do Senhor, meu zeloso guardador, se a ti me confiou a piedade divina, sempre me rege, guarda, governa, ilumina. Amém".

Para finalizar, reze novamente a oração de "Invocação ao Anjo da Guarda".